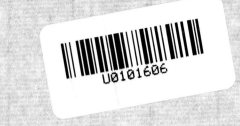

国学十三经 八

心经
金刚经
坛经

线装书局

心经

唐·玄奘 译

观自在菩萨行深般若波罗蜜多时，照见五蕴皆空，度一切苦厄。舍利子，色不异空，空不异色，色即是空，空即是色，受想行识，亦复如是。舍利子，是诸法空相，不生不灭，不垢不净，不增不减。是故空中无色，无受想行识，无眼耳鼻舌身意，无色声香味触法，无眼界，乃至无意识界。无无明，亦无无明尽，乃至无老死，亦无老死尽。无苦集灭道，无智亦无得。以无所得故，菩提萨陲，依般若波罗蜜多故，心无罣碍。无罣碍故，无有恐怖，远离颠倒梦想，究竟涅槃。三世诸佛，依般若波罗蜜多故，得阿耨多罗三藐三菩提。故知般若波罗蜜多，是大神咒，是大明咒，是无上咒，是无等等咒，能除一切苦，真实不虚。故说般若波罗蜜多咒，即说咒曰：『揭谛！揭谛！波罗揭谛！波罗僧揭谛！菩提娑婆诃！』

（易行 校订）

金刚经

后秦·鸠摩罗什 译

如是我闻：一时，佛在舍卫国祇树给孤独园，与大比丘众千二百五十人俱。尔时，世尊食时，著衣持钵，入舍卫大城乞食。于其城中，次第乞已，还至本处。饭食讫，收衣钵。洗足已，敷座而坐。

时，长老须菩提在大众中，即从座起，偏袒右肩，右膝着地，合掌恭敬而白佛言：『稀有世尊，如来善护念诸菩萨，善付嘱诸菩萨。世尊，善男子、善女人发阿耨多罗三藐三菩提心，云何应住？云何降伏其心？』佛言：『善哉，善哉！须菩提，如汝所说，如来善护念诸菩萨，善付嘱诸菩萨。汝今谛听，当为汝说：善男子、善女人发阿耨多罗三藐三菩提心，应如是住，如是降伏其心。』『唯然，世尊，愿乐欲闻。』

佛告须菩提：『诸菩萨摩诃萨应如是降伏其心：所有一切众生之类，若卵生、若胎生、若湿生、若化生，若有色、若无色，若有想、若无想，若非有想非无想，我皆令入无余涅槃而灭度之。如是灭度无量无数无边众生，实无众生得灭度者。何以故？须菩提，若菩萨有我相、人相、众生相、寿者

相，即非菩萨。』

『复次，须菩提，菩萨于法，应无所住，行于布施。所谓不住色布施，不住声香味触法布施。须菩提，菩萨应如是布施，不住于相。何以故？若菩萨不住相布施，其福德不可思量。须菩提，于意云何？东方虚空，可思量不？』『不也，世尊。』『须菩提，南西北方，四维上下虚空，可思量不？』『不也。世尊。』『须菩提，菩萨无住相布施，福德亦复如是不可思量。须菩提，菩萨但应如所教住。』

『须菩提，于意云何？可以身相见如来不？』『不也，世尊。不可以身相得见如来。何以故？如来所说身相，即非身相。』佛告须菩提：『凡所有相，皆是虚妄。若见诸相非相，则见如来。』

须菩提白佛言：『世尊，颇有众生，得闻如是言说章句，生实信不？』

佛告须菩提：『莫作是说。如来灭后，后五百岁有持戒修福者，于此章句能生信心，以此为实。当知是人，不于一佛二佛三四五佛而种善根。已于无量千万佛所种诸善根。闻是章句，乃至一念生净信者。须菩提，如来悉

知悉见，是诸众生得如是无量福德。何以故？是诸众生无复我相、人相、众生相、寿者相。无法相，亦无非法相。何以故？是诸众生若心取相，则为著我、人、众生、寿者。若取法相，即著我、人、众生、寿者。何以故？若取非法相，即著我、人、众生、寿者。是故不应取法，不应取非法。以是义故，如来常说：汝等比丘，知我说法，如筏喻者，法尚应舍，何况非法？』

『须菩提，于意云何？如来得阿耨多罗三藐三菩提耶？如来有所说法耶？』须菩提言：『如我解佛所说义，无有定法名阿耨多罗三藐三菩提，亦无有定法如来可说。何以故？如来所说法，皆不可取、不可说，非法、非非法。所以者何？一切贤圣，皆以无为法而有差别。』

『须菩提，于意云何？若人满三千大千世界，七宝以用布施，是人所得福德，宁为多不？』须菩提言：『甚多，世尊。何以故？是福德即非福德性。是故如来说福德多。』『若复有人，于此经中受持乃至四句偈等，为他人说，其福胜彼。何以故？须菩提，一切诸佛及诸佛阿耨多罗三藐三菩提法，皆从此经出。须菩提，所谓佛法者，即非佛法。』

『须菩提，于意云何？须陀洹能作是念，我得须陀洹果不？』须菩提言：『不也，世尊。何以故？须陀洹名为入流，而无所入。不入色声香味触法，是名须陀洹。』『须菩提，于意云何？斯陀含能作是念，我得斯陀含果不？』须菩提言：『不也，世尊。何以故？斯陀含名一往来，而实无往来，是名斯陀含。』『须菩提，于意云何？阿那含能作是念，我得阿那含果不？』须菩提言：『不也，世尊。何以故？阿那含名为不来，而实无不来，是故名阿那含。』『须菩提，于意云何？阿罗汉能作是念，我得阿罗汉道不？』须菩提言：『不也，世尊。何以故？实无有法名阿罗汉。世尊，若阿罗汉作是念，我得阿罗汉道，即为著我、人、众生、寿者。世尊，佛说我得无诤三昧，人中最为第一，是第一离欲阿罗汉。世尊，我不作是念，我是离欲阿罗汉。世尊，我若作是念，我得阿罗汉道，世尊则不说须菩提是乐阿兰那行者。以须菩提实无所行，而名须菩提是乐阿兰那行。』

佛告须菩提：『于意云何？如来昔在然灯佛所，于法有所得不？』

『不也，世尊。如来在然灯佛所，于法实无所得。』『须菩提，于意云何？菩

国学十三经

金刚经

卷八

四〇四

萨庄严佛土不？』『不也，世尊。何以故？庄严佛土者，即非庄严，是名庄严。』『是故须菩提，诸菩萨摩诃萨，应如是生清净心，不应住色生心，不应住声香味触法生心，应无所住而生其心。须菩提，譬如有人，身如须弥山王。于意云何？是身为大不？』须菩提言：『甚大，世尊。何以故？佛说非身，是名大身。』

『须菩提，如恒河中所有沙数，如是沙等恒河，于意云何？是诸恒河沙，宁为多不？』须菩提言：『甚多，世尊。但诸恒河尚多无数，何况其沙。』『须菩提，我今实言告汝：若有善男子、善女人，以七宝满尔所恒河沙数三千大千世界，以用布施，得福多不？』须菩提言：『甚多，世尊。』佛告须菩提：『若善男子、善女人，于此经中，乃至受持四句偈等，为他人说，而此福德，胜前福德。』

『复次，须菩提。随说是经，乃至四句偈等，当知此处，一切世间天人阿修罗，皆应供养，如佛塔庙。何况有人尽能受持读诵？须菩提，当知是人成就最上第一稀有之法。若是经典所在之处，即为有佛，若尊重弟子。』

尔时，须菩提白佛言：『世尊，当何名此经？我等云何奉持？』佛告须菩提：『是经名为《金刚般若波罗蜜》，以是名字，汝当奉持。所以者何？须菩提，佛说般若波罗蜜，即非般若波罗蜜，是名般若波罗蜜。须菩提，于意云何？如来有所说法不？』须菩提白佛言：『世尊，如来无所说。』『须菩提，于意云何？三千大千世界所有微尘，是为多不？』须菩提言：『甚多，世尊。』『须菩提，诸微尘，如来说非微尘，是名微尘。如来说世界非世界，是名世界。须菩提，于意云何？可以三十二相见如来不？』『不也，世尊。不可以三十二相得见如来。何以故？如来说三十二相，即是非相，是名三十二相。』『须菩提，若有善男子、善女人，以恒河沙等身命布施。若复有人，于此经中乃至受持四句偈等，为他人说，其福甚多。』

尔时，须菩提闻说是经，深解义趣，涕泪悲泣而白佛言：『稀有世尊，佛说如是甚深经典，我从昔来所得慧眼，未曾得闻如是之经。世尊，若复有人得闻是经，信心清净，即生实相。当知是人成就第一稀有功德。世尊，是实相者，即是非相。是故如来说名实相。世尊，我今得闻如是经典，信解受

持，不足为难。若当来世，后五百岁，其有众生得闻是经，信解受持，是人即为第一稀有。何以故？此人无我相、无人相、无众生相、无寿者相。所以者何？我相即是非相，人相、众生相、寿者相，即是非相。何以故？离一切诸相，即名诸佛。』佛告须菩提：『如是！如是！若复有人，得闻是经，不惊、不怖、不畏，当知是人甚为稀有。何以故？须菩提，如来说第一波罗蜜，即非第一波罗蜜，是名第一波罗蜜。须菩提，忍辱波罗蜜，如来说非忍辱波罗蜜，是名忍辱波罗蜜。何以故？须菩提，如我昔为歌利王割截身体，我于尔时，无我相、无人相、无众生相、无寿者相。何以故？我于往昔节节支解时，若有我相、人相、众生相、寿者相，应生嗔恨。须菩提，又念过去于五百世作忍辱仙人，于尔所世，无我相、无人相、无众生相、无寿者相。是故，须菩提，菩萨应离一切相发阿耨多罗三藐三菩提心，不应住色生心，不应住声香味触法生心，应生无所住心。若心有住，即为非住。是故佛说菩萨心，不应住色布施。须菩提，菩萨为利益一切众生故，应如是布施。如来说一切诸相，即是非相，又说一切众生，即非众生。须菩提，如来是真语者、实语者、如语者、不诳语者、不异语者。须菩提，如来所得法，此法无实无虚。须菩提，若菩萨心住于法而行布施，如人入暗，则无所见。若菩萨心不住法而行布施，如人有目，日光明照，见种种色。须菩提，当来之世，若有善男子、善女人，能于此经受持读诵，即为如来以佛智慧，悉知是人，悉见是人，皆得成就无量无边功德。』

『须菩提，若善男子、善女人，初日分以恒河沙等身布施，中日分复以恒河沙等身布施，后日分亦以恒河沙等身布施，如是无量百千万亿劫以身布施，若复有人，闻此经典，信心不逆，其福胜彼，何况书写、受持、读诵，为人解说。须菩提，以要言之，是经有不可思议不可称量无边功德。如来为发大乘者说，为发最上乘者说。若有人能受持读诵广为人说，如来悉知是人，悉见是人，皆得成就不可量、不可称、无有边、不可思议功德。如是人等，即为荷担如来阿耨多罗三藐三菩提。何以故？若乐小法者，著我见、人见、众生见、寿者见，即于此经不能听受读诵，为人解说。须菩提，在在处处，若有此经，一切世间天、人、阿修罗所应供养。当知此处，即为是塔，皆应恭

国学十三经

金刚经

卷八

四〇六

敬，作礼围绕，以诸华香而散其处。』

『复次，须菩提，善男子、善女人受持读诵此经，若为人轻贱，是人先世罪业，应堕恶道。以今世人轻贱故，先世罪业则为消灭，当得阿耨多罗三藐三菩提。须菩提，我念过去无量阿僧祇劫，于然灯佛前得值八百四千万亿那由他诸佛，悉皆供养承事，无空过者。若复有人，于后末世，能受持读诵此经，所得功德，于我所供养诸佛功德，百分不及一，千万亿分，乃至算数譬喻所不能及。须菩提，若善男子、善女人，于后末世，有受持读诵此经，所得功德，我若具说者，或有人闻，心即狂乱，狐疑不信。须菩提，当知是经义不可思议，果报亦不可思议。』

尔时，须菩提白佛言：『世尊，善男子、善女人发阿耨多罗三藐三菩提心，云何应住？云何降伏其心？』佛告须菩提：『善男子、善女人发阿耨多罗三藐三菩提心者，当生如是心：我应灭度一切众生，灭度一切众生已，而无有一众生实灭度者。何以故？须菩提，若菩萨有我相、人相、众生相、寿者相，则非菩萨。所以者何？须菩提，实无有法发阿耨多罗三藐三菩提心者。须菩提，于意云何？如来于然灯佛所，有法得阿耨多罗三藐三菩提不？』『不也，世尊。如我解佛所说义，佛于然灯佛所，无有法得阿耨多罗三藐三菩提。』佛言：『如是！如是！须菩提，实无有法如来得阿耨多罗三藐三菩提。须菩提，若有法如来得阿耨多罗三藐三菩提者，然灯佛即不与我授记：汝于来世，当得作佛，号释迦牟尼。以实无有法得阿耨多罗三藐三菩提，是故然灯佛与我授记，作是言：汝于来世，当得作佛，号释迦牟尼。何以故？如来者，即诸法如义。若有人言如来得阿耨多罗三藐三菩提。须菩提，实无有法佛得阿耨多罗三藐三菩提。须菩提，如来所得阿耨多罗三藐三菩提，于是中无实无虚。是故如来说，一切法皆是佛法。须菩提，所言一切法者，即非一切法，是故名一切法。须菩提，譬如人身长大。』须菩提言：『世尊，如来说人身长大，即为非大身，是名大身。』『须菩提，菩萨亦如是。若作是言，我当灭度无量众生，即不名菩萨。何以故？须菩提，实无有法名为菩萨。是故佛说一切法无我、无人、无众生、无寿者。须菩提，若菩萨作是言，我当庄严佛土，是不名菩萨。何以故？如来说庄

严佛土者，即非庄严，是名庄严。须菩提，若菩萨通达无我法者，如来说名真是菩萨。』

『须菩提，于意云何？如来有肉眼不？』『如是，世尊。如来有肉眼。』『须菩提，于意云何？如来有天眼不？』『如是，世尊。如来有天眼。』『须菩提，于意云何？如来有慧眼不？』『如是，世尊。如来有慧眼。』『须菩提，于意云何？如来有法眼不？』『如是，世尊。如来有法眼。』『须菩提，于意云何？如来有佛眼不？』『如是，世尊。如来有佛眼。』『须菩提，于意云何？如恒河中所有沙，佛说是沙不？』『如是，世尊。如来说是沙。』『须菩提，于意云何？如一恒河中所有沙，有如是沙等恒河，是诸恒河所有沙数，佛世界如是，宁为多不？』『甚多，世尊。』佛告须菩提：『尔所国土中所有众生，若干种心，如来悉知。何以故？如来说诸心皆为非心，是名为心。所以者何？须菩提，过去心不可得，现在心不可得，未来心不可得。』

『须菩提，于意云何？若有人满三千大千世界七宝以用布施，是人以是因缘，得福多不？』『如是，世尊。此人以是因缘，得福甚多。』『须菩提，若福德有实，如来不说得福德多。以福德无故，如来说得福德多。』

『须菩提，于意云何？佛可以具足色身见不？』『不也，世尊。如来不应以具足色身见。何以故？如来说具足色身，即非具足色身，是名具足色身。』『须菩提，于意云何？如来可以具足诸相见不？』『不也，世尊。如来不应以具足诸相见。何以故？如来说诸相具足，即非具足，是名诸相具足。』

『须菩提，汝勿谓如来作是念，我当有所说法。莫作是念，何以故？若人言如来有所说法，即为谤佛，不能解我所说故。须菩提，说法者无法可说，是名说法。』尔时，慧命须菩提白佛言：『世尊，颇有众生，于未来世，闻说是法，生信心不？』佛言：『须菩提，彼非众生，非不众生。何以故？须菩提，众生，众生者，如来说非众生，是名众生。』

须菩提白佛言：『世尊，佛得阿耨多罗三藐三菩提，为无所得耶？』佛言：『如是！如是！须菩提，我于阿耨多罗三藐三菩提，乃至无有少法可得，是名阿耨多罗三藐三菩提。』

『复次，须菩提，是法平等，无有高下，是名阿耨多罗三藐三菩提。以无我、无人、无众生、无寿者修一切善法，即得阿耨多罗三藐三菩提。须菩提，所言善法者，如来说即非善法，是名善法。』

『须菩提，若三千大千世界中所有诸须弥山王，如是等七宝聚，有人持用布施。若人以此《般若波罗蜜经》乃至四句偈等，受持读诵，为他人说，于前福德，百分不及一，百千万亿分，乃至算数譬喻所不能及。』

『须菩提，于意云何？汝等勿谓如来作是念：我当度众生。须菩提，莫作是念。何以故？实无有众生如来度者。若有众生如来度者，如来即有我、人、众生、寿者。须菩提，如来说有我者，即非有我，而凡夫之人，以为有我。须菩提，凡夫者，如来说即非凡夫，是名凡夫。』

『须菩提，于意云何？可以三十二相观如来不？』须菩提言：『如是！如是！以三十二相观如来。』佛言：『须菩提，若以三十二相观如来者，转轮圣王即是如来。』须菩提白佛言：『世尊，如我解佛所说义，不应以三十二相观如来。』尔时，世尊而说偈言：『若以色见我，以音声求我，是人行邪道，不能见如来。』

『须菩提，汝若作是念，如来不以具足相故，得阿耨多罗三藐三菩提。须菩提，莫作是念，如来不以具足相故，得阿耨多罗三藐三菩提。须菩提，汝若作是念，发阿耨多罗三藐三菩提心者，说诸法断灭，莫作是念。何以故？发阿耨多罗三藐三菩提心者，于法不说断灭相。』

『须菩提，若菩萨以满恒河沙等世界七宝，持用布施。若复有人知一切法无我，得成于忍。此菩萨胜前菩萨所得功德。何以故？须菩提，以诸菩萨不受福德故。』须菩提白佛言：『世尊，云何菩萨不受福德？』『须菩提，菩萨所作福德，不应贪著。是故说不受福德。』

『须菩提，若有人言：如来若来若去、若坐若卧，是人不解我所说义。何以故？如来者，无所从来，亦无所去，故名如来。』

『须菩提，若善男子、善女人以三千大千世界碎为微尘，于意云何？是微尘众宁为多不？』须菩提言：『甚多，世尊。何以故？若是微尘众实有者，佛即不说是微尘众。所以者何？佛说微尘众，即非微尘众，是名微尘

众。世尊，如来所说三千大千世界，即非世界，是名世界。何以故？若世界实有者，即是一合相。如来说一合相，即非一合相，是名一合相』『须菩提，一合相者即是不可说。但凡夫之人贪著其事。』

『须菩提，若人言：佛说我见、人见、众生见、寿者见 须菩提，于意云何？是人解我所说义不？』『不也，世尊。是人不解如来所说义 何以故？世尊说我见、人见、众生见、寿者见，即非我见、人见、众生见、寿者见，是名我见、人见、众生见、寿者见。』『须菩提，发阿耨多罗三藐三菩提心者，于一切法，应如是知，如是见，如是信解，不生法相。须菩提，所言法相者，如来说即非法相，是名法相。』

『须菩提，若有人以满无量阿僧祇世界七宝，持用布施。若有善男子、善女人发菩提心者，持于此经，乃至四句偈等，受持读诵，为人演说，其福胜彼 云何为人演说？不取于相，如如不动。何以故？

一切有为法，如梦幻泡影，
如露亦如电，应作如是观。』

佛说是经已，长老须菩提及诸比丘、比丘尼、优婆塞、优婆夷，一切世间天人阿修罗，闻佛所说，皆大欢喜，信受奉行。

（易行 校订）

坛经

行由品第一

国学十三经

卷八

坛经·行由品第一

四二一

时，大师至宝林，韶州韦刺史与官僚入山请师出，于城中大梵寺讲堂为众开缘说法。师升座次，刺史官僚三十余人、儒宗学士三十余人、僧尼道俗一千余人，同时作礼，愿闻法要。

大师告众曰：「善知识！菩提自性，本来清净。但用此心，直了成佛。善知识！且听惠能行由得法事意。

「惠能严父，本贯范阳，左降流于岭南，作新州百姓。此身不幸，父又早亡，老母孤遗，移来南海，艰辛贫乏，于市卖柴。时有一客买柴，使令送至客店。客收去，惠能得钱，却出门外，见一客诵经。惠能一闻经语，心即开悟，遂问客：「诵何经」？客曰：「《金刚经》。」复问：「从何所来持此经典？」客云：「我从蕲州黄梅县东禅寺来。其寺是五祖忍大师在彼主化，门人一千有余。我到彼中礼拜，听受此经。大师常劝僧俗：『但持《金刚经》，即自见性，直了成佛。』惠能闻说，宿昔有缘，乃蒙一客取银十两与惠能，令充老母衣粮，教便往黄梅参礼五祖。

「惠能安置母毕，即便辞违，不经三十余日，便至黄梅，礼拜五祖。祖问曰：「汝何方人？欲求何物？」惠能对曰：「弟子是岭南新州百姓。远来礼师，惟求作佛，不求余物。」祖言：「汝是岭南人，又是獦獠，若为堪作佛？」惠能曰：「人虽有南北，佛性本无南北。獦獠身与和尚不同，佛性有何差别？」五祖更欲与语，且见徒众总在左右，乃令随众作务。惠能曰：「惠能启和尚：弟子自心常生智能，不离自性，即是福田。未审和尚教作何务？」祖云：「这獦獠根性大利！汝更勿言，着槽厂去！」

「惠能退至后院，有一行者，差惠能破柴踏碓。

「经八月余，祖一日忽见惠能，曰：「吾思汝之见可用，恐有恶人害汝，遂不与汝言。汝知之否？」惠能曰：「弟子亦知师意，不敢行至堂前，令人不觉。」

「祖一日唤诸门人总来：「吾向汝说，世人生死事大，汝等终日只求福田，不求出离生死苦海。自性若迷，福何可求？汝等各去自看智慧，取自

本心般若之性，各作一偈，来呈吾看，若悟大意，付汝衣法，为第六代祖。火急速去，不得迟滞！思量即不中用。见性之人，言下须见。若如此者，轮刀上阵，亦得见之。」

『众得处分，退而递相谓曰：「我等众人，不须澄心用意作偈，将呈和尚，有何所益？神秀上座现为教授师，必是他得。我辈谩作偈颂，枉用心力。」诸人闻语，总皆息心，咸言：「我等已后依止秀师，何烦作偈？」

『神秀思惟：诸人不呈偈者，为我与他为教授师，我须作偈将呈和尚。若不呈偈，和尚如何知我心中见解深浅？我呈偈意，求法即善，觅祖即恶，却同凡心夺其圣位奚别？若不呈偈，终不得法。大难！大难！

『五祖堂前，有步廊三间，拟请供奉卢珍画《楞伽变相》及《五祖血脉图》，流传供养。神秀作偈成已，数度欲呈，行至堂前，心中恍惚，遍身汗流，拟呈不得。前后经四日，一十三度呈偈不得。秀乃思惟：不如向廊下书著，从他和尚看见，忽若道好，即出礼拜，云是秀作；若道不堪，枉向山中数年，受人礼拜，更修何道？是夜三更，不使人知，自执灯，书偈于南廊

壁间，呈心所见。偈曰：

身是菩提树，心如明镜台，
时时勤拂拭，勿使惹尘埃。

『秀书偈了，便却归房，人总不知。秀复思惟：五祖明日见偈欢喜，即我与法有缘；若言不堪，自是我迷，宿业障重，不合得法，圣意难测。房中思想，坐卧不安，直至五更。

『祖已知神秀入门未得，不见自性。天明，祖唤卢供奉来，向南廊壁间绘画图相，忽见其偈。报言：「供奉却不用画，劳尔远来。经云：凡所有相，皆是虚妄。但留此偈，与人诵持。依此偈修，免堕恶道；依此偈修，有大利益。令门人炷香礼敬，尽诵此偈，即得见性。」门人诵偈，皆叹：「善哉！」

『祖三更唤秀入堂，问曰：「偈是汝作否？」秀言：「实是秀作，不敢妄求祖位。望和尚慈悲，看弟子有少智慧否？」祖曰：「汝作此偈，未见本性，只到门外，未入门内。如此见解，觅无上菩提，了不可得。无上菩提，须

得言下识自本心，见自本性，不生不灭。于一切时中，念念自见，万法无滞，一真一切真，万境自如如。如如之心，即是真实。若如是见，即是无上菩提之自性也。汝且去，一两日思惟，更作一偈，将来吾看；汝偈若入得门，付汝衣法。」神秀作礼而出，又经数日，作偈不成，心中恍惚，神思不安，犹如梦中，行坐不乐。

『复两日，有一童子于碓坊过，唱诵其偈。惠能一闻，便知此偈未见本性。虽未蒙教授，早识大意，遂问童子曰：「诵者何偈？」童子曰：「尔这獦獠不知。大师言：世人生死事大，欲得传付衣法，令门人作偈来看，若悟大意，即付衣法为第六祖。神秀上座于南廊壁上，书无相偈，大师令人皆诵，依此偈修，免堕恶道；依此偈修，有大利益。」惠能曰：「我亦要诵此，结来生缘。上人！我此踏碓八个余月，未曾行到堂前，望上人引至偈前礼拜。」童子引至偈前礼拜。惠能曰：「惠能不识字，请上人为读。」时有江州别驾，姓张名日用，便高声读。惠能闻已，遂言：「亦有一偈，望别驾为书。」别驾言：「汝亦作偈，其事希有！」惠能向别驾言：「欲学无上菩提，不得轻于初学。下下人有上上智，上上人有没意智。若轻人，即有无量无边罪。」别驾言：「汝但诵偈，吾为汝书。汝若得法，先须度吾，勿忘此言。」惠能偈曰：

菩提本无树，明镜亦非台，
本来无一物，何处惹尘埃？

『书此偈已，徒众总惊，无不嗟讶，各相谓言：「奇哉，不得以貌取人。何得多时使他肉身菩萨？」祖见众人惊怪，恐人损害，遂将鞋擦了偈，曰：「亦未见性。」众以为然。次日，祖潜至碓坊，见能腰石舂米，语曰：「求道之人为法忘躯，当如是乎！」乃问曰：「米熟也未？」惠能曰：「米熟久矣！犹欠筛在。」祖以杖击碓三下而去。惠能即会祖意。三鼓入室，祖以袈裟遮围，不令人见，为说《金刚经》，至「应无所住而生其心」，惠能言下大悟，一切万法不离自性。遂启祖言：「何期自性本自清净！何期自性本不生灭！何期自性本自具足！何期自性本无动摇！何期自性能生万法！」祖知悟本性，谓惠能曰：「不识本心，学法无益。若识自本心，见自

本性，即名丈夫、天人师、佛。」

『三更受法，人尽不知，便传顿教及衣钵。云：「汝为第六代祖，善自护念，广度有情，流布将来，无令断绝！听吾偈曰：

有情来下种，因地果还生；
无情既无种，无性亦无生。」

『祖复曰：「昔达摩大师初来此土，人未之信，故传此衣以为信体，代代相承。法则以心传心，皆令自悟自解。自古佛佛惟传本体，师师密付本心。衣为争端，止汝勿传。若传此衣，命如悬丝。汝须速去，恐人害汝。」惠能启曰：「向甚处去？」祖云：「逢怀则止，遇会则藏。」

『惠能三更领得衣钵，云：「能本是南中人，素不知此山路，如何出得江口？」五祖言：「汝不须忧，吾自送汝。」祖相送直至九江驿。祖令上船，五祖把橹自摇。惠能言：「请和尚坐，弟子合摇橹。」祖云：「合是吾渡汝。」惠能云：「迷时师度，悟了自度。度名虽一，用处不同。惠能生在边方，语音不正，蒙师传法，今已得悟，只合自性自度。」祖云：「如是！如是！以后佛法，由汝大行。汝去三年，吾方逝世。汝今好去，努力向南，不宜速说，佛法难起。」惠能辞违祖已，发足南行。两月中间，至大庾岭。

『五祖归，数日不上堂，众疑。诣问曰：「和尚少病少恼否？」曰：「病即无，衣法已南矣。」问：「谁人传授？」曰：「能者得之。」众乃知焉。逐后数百人来，欲夺衣钵。

『一僧俗姓陈，名惠明，先是四品将军，性情粗糙，极意参寻，为众人先，趁及惠能。惠能掷下衣钵于石上，曰：「此衣表信，可力争耶？」能隐草莽中。惠明至，提掇不动，乃唤云：「行者！行者！我为法来，不为衣来。」惠能遂出，坐盘石上。惠明作礼云：「望行者为我说法。」惠能云：「汝既为法而来，可屏息诸缘，勿生一念，吾为汝说。」明良久，惠能云：「不思善，不思恶，正与么时，那个是明上座本来面目？」惠明言下大悟。复问云：「上来密语密意外，还更有密意否？」惠能云：「与汝说者，即非密也。汝若返照，密在汝边。」明曰：「惠明虽在黄梅，实未省自己面目。今蒙指示，如人饮水，冷暖自知。今行者即惠明师也。」惠能曰：「汝若如是，吾与汝

同师黄梅，善自护持！」明又问：「惠明今后向甚处去？」惠能曰：「逢袁则止，遇蒙则居。」明礼辞。（明回至岭下，谓趁众曰：「向陟崔嵬，竟无踪迹，当别道寻之。」趁众咸以为然。惠明后改道明，避师上字。）

『惠能后至曹溪，又被恶人寻逐，乃于四会避难猎人队中，凡经一十五载，时与猎人随宜说法。猎人常令守网，每见生命尽放之。每至饭时，以菜寄煮肉锅。或问，则对曰：「但吃肉边菜。」

『一日思惟：时当弘法，不可终遁。遂出，至广州法性寺，值印宗法师讲《涅槃经》。时有风吹幡动，一僧曰「风动」，一僧曰「幡动」，议论不已。惠能进曰：「不是风动，不是幡动，仁者心动。」一众骇然。印宗延至上席，征诘奥义。见惠能言简理当，不由文字。宗云：「行者定非常人。久闻黄梅衣法南来，莫是行者否？」惠能曰：「不敢！」宗于是作礼。告请传来衣钵，出示大众。宗复问曰：「黄梅付嘱，如何指授？」惠能曰：「指授即无，惟论见性，不论禅定解脱。」宗曰：「何不论禅定解脱？」能曰：「为是二法，不是佛法，佛法是不二之法。」宗又问：「如何是佛法不二之法？」惠能曰：「法师讲《涅槃经》，明佛性是佛法不二之法。如高贵德王菩萨白佛言：『犯四重禁，作五逆罪及一阐提等，当断善根佛性否？』佛言：『善根有二，一者常，二者无常，佛性非常非无常，是故不断，名为不二；一者善，二者不善，佛性非善非不善，是名不二。蕴之与界，凡夫见二，智者了达其性无二。无二之性，即是佛性。』」印宗闻说，欢喜合掌，言：「某甲讲经，犹如瓦砾；仁者论义，犹如真金。」于是为惠能剃发，愿事为师。惠能遂于菩提树下开东山法门。

『惠能于东山得法，辛苦受尽，命似悬丝。今日得与使君、官僚、僧尼、道俗同此一会，莫非累劫之缘，亦是过去生中供养诸佛，同种善根，方始得闻如上顿教得法之因。教是先圣所传，不是惠能自智。愿闻先圣教者，各令净心。闻了，各自除疑，如先代圣人无别。』

一众闻法，欢喜作礼而退。

般若品第二

次日，韦使君请益。师升座，告大众曰：『总净心念摩诃般若波罗蜜

多。』复云：『善知识！菩提般若之智，世人本自有之，只缘心迷，不能自悟，须假大善知识示导见性。当知愚人智人，佛性本无差别，只缘迷悟不同，所以有愚有智。吾今为说摩诃般若波罗蜜法，使汝等各得智慧。志心谛听！吾为汝说。

『善知识！世人终日口念般若，不识自性般若，犹如说食不饱。口但说空，万劫不得见性，终无有益。善知识！摩诃般若波罗蜜是梵语，此言大智慧到彼岸。此须心行，不在口念。口念心不行，如幻如化，如露如电；口念心行，则心口相应。本性是佛，离性无别佛。何名摩诃？摩诃是大。心量广大，犹如虚空，无有边畔，亦无方圆大小，亦非青黄赤白，亦无上下长短，亦无嗔无喜、无是无非、无善无恶、无有头尾。诸佛刹土，尽同虚空。世人妙性本空，无有一法可得。自性真空亦复如是。善知识！莫闻吾说空，便即著空！第一莫著空，若空心静坐，即著无记空。善知识！世界虚空，能含万物色像：日月星宿，山河大地，泉源溪涧，草木丛林，恶人善人，恶法善法，天堂地狱，一切大海，须弥诸山，总在空中。世人性空，亦复如是。善知识！自性能含万法是大，万法在诸人性中。若见一切人恶之与善，尽皆不取不舍，亦不染著，心如虚空，名之为大，故曰摩诃。善知识！迷人口说，智者心行。又有迷人，空心静坐，百无所思，自称为大。此一辈人，不可与语，为邪见故。善知识！心量广大，遍周法界，用即了了分明，应用便知一切。一切即一，一即一切，去来自由，心体无滞，即是般若。善知识！一切般若智，皆从自性而生，不从外入，莫错用意，名为真性自用，一真一切真。心量大事，不行小道。口莫终日说空，心中不修此行，恰似凡人自称国王，终不可得，非吾弟子！善知识！何名般若？般若者，唐言智慧也。一切处所，一切时中，念念不愚，常行智慧，即是般若行。一念愚即般若绝，一念智即般若生。世人愚迷，不见般若。口说般若，心中常愚。常自言我修般若，念念说空，不识真空。般若无形相，智慧心即是。若作如是解，即名般若智。何名波罗蜜？此是西国语，唐言到彼岸，解义离生灭。著境生灭起，如水有波浪，即名为此岸；离境无生灭，如水常通流，即名为彼岸。故号波罗蜜。善知识！迷人口念，当念之时，有妄有非。念念若行，是名

真性。悟此法者，是般若法；修此行者，是般若行。不修即凡。一念修行，自身等佛。善知识！凡夫即佛，烦恼即菩提。前念迷即凡夫，后念悟即佛；前念著境即烦恼，后念离境即菩提。善知识！摩诃般若波罗蜜，最尊最上最第一，无住无往亦无来，三世诸佛从中出。当用大智慧，打破五蕴烦恼尘劳。如此修行，定成佛道，变三毒为戒定慧。

『善知识！我此法门，从一般若生八万四千智慧。何以故？为世人有八万四千尘劳。若无尘劳，智慧常现，不离自性。悟此法者，即是无念、无忆、无著，不起诳妄。用自真如性，以智能观照，于一切法不取不舍，即是见性成佛道。

『善知识！若欲入甚深法界及般若三昧者，须修般若行，持诵《金刚般若经》，即得见性。当知此经功德，无量无边。经中分明赞叹，莫能具说。此法门是最上乘，为大智人说，为上根人说。小根小智人闻，心生不信。何以故？譬如天龙下雨于阎浮提，城邑聚落，悉皆漂流，如漂枣叶。若雨大海，不增不减。若大乘人，若最上乘人，闻说《金刚经》，心开悟解，故知本性自有般若之智，自用智能常观照故，不假文字。譬如雨水，不从天有，元是龙能兴致，令一切众生、一切草木、有情无情，悉皆蒙润。百川众流却入大海，合为一体。众生本性般若之智亦复如是。善知识！小根之人闻此顿教，犹如草木。根性小者，若被大雨，悉皆自倒，不能增长。小根之人亦复如是，元有般若之智，与大智人更无差别，因何闻法不自开悟？缘邪见障重，烦恼根深，犹如大云覆盖于日，不得风吹，日光不现。般若之智亦无大小，为一切众生自心迷悟不同。迷心外见，修行觅佛，未悟自性，即是小根。若开悟顿教，不执外修，但于自心常起正见，烦恼尘劳常不能染，即是见性。善知识！内外不住，去来自由，能除执心，通达无碍。能修此行，与《般若经》本无差别。

善知识！一切修多罗及诸文字，大小二乘，十二部经，皆因人置，因智慧性，方能建立。若无世人，一切万法本自不有。故知万法本自人兴，一切经书因人说有。缘其人中有愚有智，愚为小人，智为大人。愚者问于智人，智者与愚人说法。愚人忽然悟解心开，即与智人无别。

『善知识！不悟，即佛是众生。一念悟时，众生是佛。故知万法尽在自心，何不从自心中顿见真如本性？《菩萨戒经》云：「我本元自性清净，若识自心见性，皆成佛道。」《净名经》云：「即时豁然，还得本心。」

『善知识！我于忍和尚处一闻言下便悟，顿见真如本性。是以将此教法流行，令学道者顿悟菩提，各自观心，自见本性。若自不悟，须觅大善知识，解最上乘法者，直示正路。是善知识有大因缘，所谓化导令得见性，一切善法因善知识能发起故。三世诸佛，十二部经，在人性中本自具有，不能自悟，须求善知识指示方见。若自悟者，不假外求；若一向执谓须他善知识望得解脱者，无有是处。何以故？自心内有知识自悟。若起邪迷，妄念颠倒，外善知识虽有教授，救不可得。若起正真般若观照，一刹那间，妄念俱灭。若识自性，一悟即至佛地。善知识！智慧观照，内外明彻，识自本心。若识本心，即本解脱。若得解脱，即是般若三昧。般若三昧，即是无念。何名无念？若见一切法，心不染著，是为无念。用即遍一切处，亦不著一切处。但净本心，使六识出六门，于六尘中无染无杂，来去自由，通用无滞，即是般若三昧，自在解脱，名无念行。若百物不思，当令念绝，即是法缚，即名边见。善知识！悟无念法者，万法尽通；悟无念法者，见诸佛境界；悟无念法者，至佛地位。

『善知识！后代得吾法者，将此顿教法门，于同见同行，发愿受持，如事佛故，终身而不退，定入圣位。然须传授从上以来默传分付，不得匿其正法。若不同见同行，在别法中，不得传付，损彼前人，究竟无益。恐愚人不解，谤此法门，百劫千生，断佛种性。善知识！吾有一无相颂，各须诵取，在家出家，但依此修。若不自修，惟记吾言，亦无有益。听吾颂曰：

说通及心通，如日处虚空。唯传见性法，出世破邪宗。
法即无顿渐，迷悟有迟疾。只此见性门，愚人不可悉。
说即虽万般，合理还归一。烦恼暗宅中，常须生慧日。
邪来烦恼至，正来烦恼除。邪正俱不用，清净至无余。
菩提本自性，起心即是妄。净心在妄中，但正无三障。
世人若修道，一切尽不妨。常自见己过，与道即相当。

色类自有道，各不相妨恼。离道别觅道，终身不见道。
波波度一生，到头还自懊。欲得见真道，行正即是道。
自若无道心，暗行不见道。若真修道人，不见世间过。
若见他人非，自非却是左。他非我不非，我非自有过。
但自却非心，打除烦恼破。憎爱不关心，长伸两脚卧。
欲拟化他人，自须有方便。勿令彼有疑，即是自性现。
佛法在世间，不离世间觉。离世觅菩提，恰如求兔角。
正见名出世，邪见是世间。邪正尽打却，菩提性宛然。
此颂是顿教，亦名大法船。迷闻经累劫，悟则刹那间。』

师复曰：『今于大梵寺说此顿教，普愿法界众生，言下见性成佛。』

时，韦使君与官僚道俗闻师所说，无不省悟。一时作礼，皆叹：『善哉！何期岭南有佛出世！』

疑问品第三

一日，韦刺史为师设大会斋。斋讫，刺史请师升座，同官僚、士庶肃容再拜，问曰：『弟子闻和尚说法，实不可思议。今有少疑，愿大慈悲，特为解说！』师曰：『有疑即问，吾当为说。』韦公曰：『和尚所说，可不是达摩大师宗旨乎？』师曰：『是』。公曰：『弟子闻达摩初化梁武帝，帝问云：「朕一生造寺度僧，布施设斋，有何功德？」达摩言：「实无功德。」弟子未达此理，愿和尚为说。』

师曰：『实无功德。勿疑先圣之言！武帝心邪，不知正法，造寺度僧，布施设斋，名为求福，不可将福便为功德。功德在法身中，不在修福。』

师又曰：『见性是功，平等是德。念念无滞，常见本性真实妙用，名为功德。内心谦下是功，外行于礼是德；自性建立万法是功，心体离念是德；不离自性是功，应用无染是德。若觅功德法身，但依此作，是真功德。若修功德之人，心即不轻，常行普敬。心常轻人，吾我不断，即自无功。自性虚妄不实，即自无德，为吾我自大，常轻一切故。善知识！念念无间是功，心行平直是德；自修性是功，自修身是德。善知识！功德须自性内见，不是布施供养之所求也，是以福德与功德别。武帝不识真理，非我祖师

有过。』

刺史又问曰：『弟子常见僧俗念阿弥陀佛，愿生西方。请和尚说，得生彼否？愿为破疑！』

师曰：『使君善听！惠能与说。世尊在舍卫城中说西方引化经文，分明去此不远。若论相说里数，有十万八千，即身中十恶八邪便是说远。说远为其下根，说近为其上智。人有两种，法无两般。迷悟有殊，见有迟疾。迷人念佛求生于彼，悟人自净其心。所以佛言：「随其心净，即佛土净。」使君！东方人，但心净即无罪；虽西方人，心不净亦有愆。东方人造罪，念佛求生西方；西方人造罪，念佛求生何国？凡愚不了自性，不识身中净土，愿东愿西，悟人在处一般。所以佛言：「随所住处恒安乐。」使君！心地但无不善，西方去此不遥；若怀不善之心，念佛往生难到。今劝善知识，先除十恶，即行十万；后除八邪，乃过八千。念念见性，常行平直，到如弹指，便睹弥陀。使君！但行十善，何须更愿往生？不断十恶之心，何佛即来迎请？若悟无生顿法，见西方只在刹那；不悟，念佛求生，路遥如何得达？惠能与诸人移西方于刹那间，目前便见，各愿见否？』

众皆顶礼，云：『若此处见，何须更愿往生？愿和尚慈悲，便现西方，普令得见！』

师言：『大众！世人自色身是城，眼耳鼻舌是门。外有五门，内有意门。心是地，性是王，王居心地上。性在王在，性去王无。性在身心存，性去身心坏。佛向性中作，莫向身外求。自性迷即是众生，自性觉即是佛。慈悲即是观音，喜舍名为势至，能净即释迦，平直即弥陀。人我是须弥，邪心是海水，烦恼是波浪，毒害是恶龙，虚妄是鬼神，尘劳是鱼鳖，贪嗔是地狱，愚痴是畜生。善知识！常行十善，天堂便至。除人我，须弥倒；去贪欲，海水竭；烦恼无，波浪灭；毒害忘，鱼龙绝。自心地上觉性如来放大光明，外照六门清净，能破六欲诸天。自性内照，三毒即除，地狱等罪，一时消灭。内外明彻，不异西方。不作此修，如何到彼？』

大众闻说，了然见性，悉皆礼拜，俱叹善哉！唱言：『普愿法界众生，闻者一时悟解。』

师言：『善知识！若欲修行，在家亦得，不由在寺。在家能行，如东方人心善；在寺不修，如西方人心恶。但心清净，即是自性西方。』

韦公又问：『在家如何修行？愿为教授！』

师言：『吾与大众说无相颂，但依此修，常与吾同处无别；若不依此修，剃发出家，于道何益？颂曰：

心平何劳持戒？行直何用修禅？
恩则孝养父母，义则上下相怜。
让则尊卑和睦，忍则众恶无喧。
若能钻木出火，淤泥定生红莲。
苦口的是良药，逆耳必是忠言。
改过必生智慧，护短心内非贤。
日用常行饶益，成道非由施钱。
菩提只向心觅，何劳向外求玄？
听说依此修行，西方只在目前。』

师复曰：『善知识！总须依偈修行，见取自性，直成佛道。时不相待，众人且散，吾归曹溪。众若有疑，却来相问。』时，刺史官僚、在会善男信女，各得开悟，信受奉行。

定慧品第四

师示众云：『善知识！我此法门，以定慧为本，大众勿迷，言定慧别。定慧一体，不是二。定是慧体，慧是定用，即慧之时定在慧，即定之时慧在定。若识此义，即是定慧等学。诸学道人！莫言先定发慧，先慧发定，各别作此见者，法有二相。口说善语，心中不善，空有定慧，定慧不等；若心口俱善，内外一如，定慧即等。自悟修行，不在于诤。若诤先后，即同迷人。不断胜负，却增我法，不离四相。善知识！定慧犹如何等？犹如灯光，有灯即光，无灯即暗。灯是光之体，光是灯之用，名虽有二，体本同一。此定慧法亦复如是。』

师示众云：『善知识！一行三昧者，于一切处行住坐卧，常行一直心是也。《净名经》云：「直心是道场，直心是净土。」莫心行谄曲，口但说直，

口说一行三昧，不行直心。但行直心，于一切法勿有执著。迷人著法相，执一行三昧，直言常坐不动，妄不起心，即是一行三昧。作此解者，即同无情，却是障道因缘。善知识！道须通流，何以却滞？心不住法，道即通流；心若住法，名为自缚。若言常坐不动是，只如舍利弗宴坐林中，却被维摩诘诃。善知识！又有人教坐，看心观静，不动不起，从此置功。迷人不会，便执成颠，如此者众。如是相教，故知大错。

师示众云：『善知识！本来正教无有顿渐，人性自有利钝。迷人渐修，悟人顿契。自识本心，自见本性，即无差别。所以立顿渐之假名。善知识！我此法门，从上以来，先立无念为宗，无相为体，无住为本。无相者，于相而离相；无念者，于念而无念；无住者，人之本性。于世间善恶好丑，乃至冤之与亲，言语触刺欺争之时，并将为空不思酬害。念念之中，不思前境。若前念今念后念，念念相续不断，名为系缚。于诸法上念念不住，即无缚也。此是以无住为本。善知识！外离一切相，名为无相。能离于相，则法体清净，此是以无相为体。善知识！于诸境上心不染，曰无念。于自念上，常离诸境，不于境上生心。若只百物不思，念尽除却，一念绝即死，别处受生，是为大错。学道者思之，若不识法意，自错犹可，更误他人，自迷不见，又谤佛经。所以立无念为宗。善知识！云何立无念为宗？只缘口说见性，迷人于境上有念，念上便起邪见，一切尘劳妄想从此而生。自性本无一法可得，若有所得，妄说祸福，即是尘劳邪见，故此法门立无念为宗。善知识！无者无何事？念者念何物？无者无二相，无诸尘劳之心；念者，念真如本性。真如即是念之体，念即是真如之用。真如自性起念，非眼耳鼻舌能念。真如有性，所以起念；真如若无，眼耳色声当时即坏。善知识！真如自性起念，六根虽有见闻觉知，不染万境，而真性常自在。故经云：「能善分别诸法相，于第一义而不动。」』

坐禅品第五

师示众云：『此门坐禅，元不看心，亦不看净，亦不是不动。若言看心，心原是妄，知心如幻，故无所看也。若言看净，人性本净，由妄念故，盖覆真如，但无妄想，性自清净。起心看净，却生净妄。妄无处所，看者是妄。

净无形相，却立净相，言是工夫。作此见者，障自本性，却被净缚。善知识！若修不动者，但见一切人时，不见人之是非善恶过患，即是自性不动。善知识！迷人身虽不动，开口便说他人是非长短好恶，与道违背。若看心看净，即障道也。』

师示众云：『善知识！何名坐禅？此法门中，无障无碍，外于一切善恶境界，心念不起，名为坐；内见自性不动，名为禅。善知识！何名禅定？外离相为禅，内不乱为定。外若著相，内心即乱；外若离相，心即不乱。本性自净自定，只为见境思境即乱。若见诸境心不乱者，是真定也。善知识！外离相即禅，内不乱即定，外禅内定，是为禅定。《净名经》云：「即时豁然还得本心。」《菩萨戒经》云：「我本性元自清净。」善知识！于念念中，自见本性清净，自修自行，自成佛道。』

忏悔品第六

时，大师见广韶洎四方士庶骈集山中听法，于是升座，告众曰：『来！诸善知识！此事须从自性中起，于一切时，念念自净其心，自修自行，见自

己法身，见自心佛，自度自戒，始得不假到此。既从远来，一会于此，皆共有缘。今可各各胡跪，先为传自性五分法身香，次授无相忏悔。』众胡跪。

师曰：『一、戒香，即自心中无非、无恶、无嫉妒、无贪嗔、无劫害，名戒香。二、定香，即睹诸善恶境相，自心不乱，名定香。三、慧香，自心无碍，常以智能观照自性，不造诸恶，虽修众善，心不执著，敬上念下，矜恤孤贫，名慧香。四、解脱香，即自心无所攀缘，不思善，不思恶，自在无碍，名解脱香。五、解脱知见香，自心既无所攀缘善恶，不可沉空守寂，即须广学多闻，识自本心，达诸佛理，和光接物，无我无人，直至菩提，真性不易，名解脱知见香。善知识！此香各自内熏，莫向外觅。今与汝等授无相忏悔，灭三世罪，令得三业清净。善知识！各随我语一时道：弟子等，从前念、今念及后念，念念不被愚迷染。从前所有恶业愚迷等罪，悉皆忏悔，愿一时消灭，永不复起。弟子等，从前念、今念及后念，念念不被骄诳染。从前所有恶业骄诳等罪，悉皆忏悔，愿一时消灭，永不复起。弟子等，从前念、今念及后念，念念不被嫉妒染。从前所有恶业嫉妒等罪，悉皆忏悔，愿一时消灭，永不复起。

『善知识！以上是为无相忏悔。云何名忏？云何名悔？忏者，忏其前愆，从前所有恶业、愚迷、骄诳、嫉妒等罪，悉皆尽忏，永不复起，是名为忏；悔者，悔其后过，从今以后，所有恶业、愚迷、骄诳、嫉妒等罪，今已觉悟，悉皆永断，更不复作，是名为悔。故称忏悔。凡夫愚迷，只知忏其前愆，不知悔其后过。以不悔故，前愆不灭，后过又生。前愆既不灭，后过复又生，何名忏悔？

『善知识！既忏悔已，与善知识发四弘誓愿，各须用心正听：自心众生无边誓愿度，自心烦恼无尽誓愿断，自性法门无尽誓愿学，自性无上佛道誓愿成。善知识！大家岂不道众生无边誓愿度？恁么道，且不是惠能度。善知识！心中众生，所谓邪迷心、诳妄心、不善心、嫉妒心、恶毒心，如是等心，尽是众生，各须自性自度，是名真度。何名自性自度？即自心中邪见、烦恼、愚痴众生，将正见度。既有正见，使般若智打破愚痴迷妄，众生各各自度。邪来正度，迷来悟度，愚来智度，恶来善度。如是度者，名为真度。又，烦恼无尽誓愿断，将自性般若智，除却虚妄思想心是也。又，法门无尽誓愿学，须自见性，常行正法，是名真学。又，无上佛道誓愿成，既常能下心，行于真正，离迷离觉，常生般若，除真除妄，即见佛性，即言下佛道成。常念修行，是愿力法。

『善知识！今发四弘愿了，更与善知识授无相三归依戒。善知识！归依觉，两足尊；归依正，离欲尊；归依净，众中尊。从今日去，称觉为师，更不归依邪魔外道。以自性三宝常自证明，劝善知识归依自性三宝：佛者，觉也；法者，正也；僧者，净也。自心归依觉，邪迷不生，少欲知足，能离财色，名两足尊；自心归依正，念念无邪见，以无邪见故，即无人我贡高贪爱执著，名离欲尊；自心归依净，一切尘劳爱欲境界，自性皆不染著，名众中尊。若修此行，是自归依。凡夫不会，从日至夜，受三归戒。若言归依佛，佛在何处？若不见佛，凭何所归？言却成妄。善知识！各自观察，莫错用心。经文分明言自归依佛，不言归依他佛。自佛不归，无所依处。今既自悟，各须归依自心三宝。内调心性，外敬他人，是自归依也。

『善知识！既归依自三宝竟，各各志心，吾与说一体三身自性佛，令汝

等见三身，了然自悟自性。总随我道：于自色身归依清净法身佛，于自色身归依圆满报身佛，于自色身归依千百亿化身佛。善知识！色身是舍宅，不可言归。向者三身佛在自性中，世人总有。为自心迷，不见内性，外觅三身如来，不见自身中有三身佛。汝等听说，令汝等于自身中见自性有三身佛。此三身佛，从自性生，不从外得。何名清净法身佛？世人性本清净，万法从自性生。思量一切恶事，即生恶行；思量一切善事，即生善行。如是诸法在自性中，如天常清，日月常明，为浮云盖覆，上明下暗，忽遇风吹云散，上下俱明，万象皆现。世人性常浮游，如彼天云。善知识！智如日，慧如月，智慧常明，于外著境，被妄念浮云盖覆自性，不得明朗。若遇善知识，闻真正法，自除迷妄，内外明彻，于自性中万法皆现。见性之人，亦复如是。此名清净法身佛。善知识！自心归依自性，是归依真佛。自归依者，除却自性中不善心、嫉妒心、谄曲心、吾我心、诳妄心、轻人心、慢他心、邪见心、贡高心，及一切时中不善之行，常自见己过，不说他人好恶，是自归依；常须下心，普行恭敬，即是见性通达，更无滞碍，是自归依。

『何名圆满报身？譬如一灯能除千年暗，一智能灭万年愚。莫思向前，已过不可得；常思于后，念念圆明，自见本性。善恶虽殊，本性无二。无二之性，名为实性。于实性中，不染善恶，此名圆满报身佛。自性起一念恶，灭万劫善因；自性起一念善，得恒沙恶尽，直至无上菩提，念念自见，不失本念，名为报身。何名千百亿化身？若不思万法，性本如空，一念思量，名为变化。思量恶事化为地狱，思量善事化为天堂，毒害化为龙蛇，慈悲化为菩萨，智慧化为上界，愚痴化为下方。自性变化甚多，迷人不能省觉，念念起恶，常行恶道。回一念善，智慧即生，此名自性化身佛。

『善知识！法身本具，念念自性自见，即是报身佛。从报身思量，即是化身佛。自悟自修，自性功德，是真归依。皮肉是色身，色身是宅舍，不言归依也。但悟自性三身，即识自性佛。吾有一无相颂，若能诵持，言下令汝积劫迷罪，一时消灭。颂曰：

迷人修福不修道，只言修福便是道，
布施供养福无边，心中三恶元来造。

拟将修福欲灭罪，后世得福罪还在，
但向心中除罪缘，各自性中真忏悔。
忽悟大乘真忏悔，除邪行正即无罪，
学道常于自性观，即与诸佛同一类。
吾祖唯传此顿法，普愿见性同一体，
若欲当来觅法身，离诸法相心中洗。
努力自见莫悠悠，后念忽绝一世休，
若悟大乘得见性，虔恭合掌至心求。』

师言：『善知识！总须诵取，依此修行，言下见性，虽去吾千里，如常在吾边；于此言下不悟，即对面千里，何勤远来？珍重，好去。』

一众闻法，靡不开悟，欢喜奉行。

机缘品第七

师自黄梅得法，回至韶州曹侯村，人无知者。有儒士刘志略，礼遇甚厚。志略有姑为尼，名无尽藏，常诵《大涅槃经》。师暂听即知妙义，遂为解说。尼乃执卷问字。师曰：『字即不识，义即请问。』尼曰：『字尚不识，焉能会义？』师曰：『诸佛妙理，非关文字。』

尼惊异之，遍告里中耆德云：『此是有道之士，宜请供养。』有魏武侯玄孙曹叔良及居民，竞来瞻礼。时宝林古寺，自隋末兵火，已废。遂于故基重建梵宇，延师居之，俄成宝坊。师住九月余日，又为恶党寻逐，师乃遁于前山，被其纵火焚草木，师隐身挨入石中得免。石今有师趺坐膝痕及衣布之纹，因名避难石。师忆五祖怀会止藏之嘱，遂行隐于二邑焉。

僧法海，韶州曲江人也，初参祖师，问曰：『即心即佛，愿垂指谕！』师曰：『前念不生即心，后念不灭即佛；成一切相即心，离一切相即佛。吾若具说，穷劫不尽，听吾偈曰：

即心名慧，即佛乃定，定慧等持，意中清净。
悟此法门，由汝习性，用本无生，双修是正。』

法海言下大悟，以偈赞曰：

即心元是佛，不悟而自屈，

国学十三经

卷八

坛经·机缘品第七

四二七

我知定慧因，双修离诸物。

僧法达，洪州人，七岁出家，常诵《法华经》。来礼祖师，头不至地。师诃曰："礼不投地，何如不礼？汝心中必有一物，蕴习何事耶？"曰："念《法华经》已及三千部。"师曰："汝若念至万部，得其经意，不以为胜，则与吾偕行。汝今负此事业，都不知过，听吾偈曰：

礼本折慢幢，头奚不至地？

有我罪即生，亡功福无比。"

师又曰："汝名什么？"曰："法达。"师曰："汝名法达，何曾达法？"复说偈曰：

汝今名法达，勤诵未休歇，空诵但循声，明心号菩萨。

汝今有缘故，吾今为汝说，但信佛无言，莲华从口发。

达闻偈，悔谢曰："而今而后，当谦恭一切。弟子诵《法华经》，未解经义，心常有疑，和尚智慧广大，愿略说经中义理。"

师曰："法达！法即甚达，汝心不达，经本无疑，汝心自疑。汝念此经，以何为宗？"达曰："学人根性暗钝，从来但依文诵念，岂知宗趣？"师曰："吾不识文字，汝试取经诵一遍，吾当为汝解说。"法达即高声念经，至《譬喻品》，师曰："止！此经元来以因缘出世为宗，纵说多种譬喻，亦无越于此。何者因缘？经云：'诸佛世尊，唯以一大事因缘出现于世。'一大事者，佛之知见也。世人外迷著相，内迷著空。若能于相离相，于空离空，即是内外不迷。若悟此法，一念心开，是为开佛知见。佛犹觉也，分为四门：开觉知见，示觉知见，悟觉知见，入觉知见。若闻开示，便能悟入，即觉知见，本来真性而得出现。汝慎勿错解经意！见他道开示悟入，自是佛之知见，我辈无分。若作此解，乃是谤经毁佛也。彼既是佛，已具知见，何用更开？汝今当信：佛知见者，只汝自心，更无别佛。盖为一切众生，自蔽光明，贪爱尘境，外缘内扰，甘受驱驰，便劳他世尊从三昧起，种种苦口，劝令寝息，莫向外求，与佛无二，故云开佛知见。吾亦劝一切人，于自心中常开佛之知见。世人心邪，愚迷造罪，口善心恶，贪嗔嫉妒，谄佞我慢，侵人害物，自开众生知见。若能正心，常生智慧，观照自

国学十三经

卷八　坛经·机缘品第七

心，止恶行善，是自开佛之知见。汝须念念开佛知见，勿开众生知见。开佛知见，即是出世；开众生知见，即是世间。汝若但劳劳执念以为功课者，何异犛牛爱尾？』达曰：『若然者，但得解义，不劳诵经耶？』师曰：『经有何过？岂障汝念？只为迷悟在人，损益由己。口诵心行，即是转经；口诵心不行，即是被经转。听吾偈曰：

心迷法华转，心悟转法华。诵经久不明，与义作仇家。

无念念即正，有念念成邪。有无俱不计，长御白牛车。』

达闻偈，不觉悲泣，言下大悟，而告师曰：『法达从昔已来，实未曾转《法华》，乃被《法华》转。』再启曰：『诸大声闻乃至菩萨，皆尽思共度量，不能测佛智。』今令凡夫但悟自心，便名佛之知见。自非上根，未免疑谤。又，经说三车，羊、鹿之车，与白牛之车，如何区别？愿和尚再垂开示。』

师曰：『经意分明，汝自迷背。诸三乘人不能测佛智者，患在度量也。他退席。殊不知坐却白牛车，更于门外觅三车。况经文明向汝道：唯一佛乘，无有余乘。若二若三，乃至无数方便，种种因缘譬喻言词，是法皆为一佛乘故。汝何不省？三车是假，为昔时故；一乘是实，为今时故。只教汝去假归实，归实之后，实亦无名。应知所有珍财尽属于汝，由汝受用。更不作父想，亦不作子想，亦无用想，是名持《法华经》。从劫至劫，手不释卷；从昼至夜，无不念时也。』

达蒙启发，踊跃欢喜，以偈赞曰：

经诵三千部，曹溪一句亡，未明出世旨，宁歇累生狂？

羊鹿牛权设，初中后善扬，谁知火宅内，元是法中王。

师曰：『汝今后方可名念经僧也。』

达从此领玄旨，亦不辍诵经。

僧智通，寿州安丰人，初看《楞伽经》约千余遍，而不会三身四智，礼师求解其义。师曰：『三身者：清净法身，汝之性也；圆满报身，汝之智也；千百亿化身，汝之行也。若离本性，别说三身，即名有身无智。若悟

三身无有自性，即名四智菩提。听吾偈曰：

自性具三身，发明成四智，不离见闻缘，超然登佛地。
吾今为汝说，谛信永无迷，莫学驰求者，终日说菩提。』

通再启曰：『四智之义可得闻乎？』师曰：『既会三身，便明四智，何更问耶？若离三身，别谈四智，此名有智无身。即此有智，还成无智。』复说偈曰：

大圆镜智性清净，平等性智心无病，
妙观察智见非功，成所作智同圆镜，
五八六七果因转，但用名言无实性，
若于转处不留情，繁兴永处那伽定。

通顿悟性智，遂呈偈曰：

三身元我体，四智本心明，身智融无碍，应物任随形。
起修皆妄动，守住匪真精，妙旨因师晓，终亡染污名。

僧智常，信州贵溪人，髫年出家，志求见性。一日参礼，师问曰：『汝从何来？欲求何事？』曰：『学人近往洪州白峰山礼大通和尚，蒙示见性成佛之义，未决狐疑，远来投礼，依望和尚慈悲指示。』师曰：『彼有何言句？汝试举看。』曰：『智常到彼，凡经三月，未蒙示诲。为法切故，一夕独入丈室请问：「如何是某甲本心本性？」大通乃曰：「汝见虚空否？」对曰：「见」。彼曰：「汝见虚空有相貌否？」对曰：「虚空无形，有何相貌？」彼曰：「汝之本性犹如虚空，了无一物可见，是名正见；无一物可知，是名真知；无有青黄长短，但见本源清净，觉体圆明，即名见性成佛，亦名如来知见。」

『学人虽闻此说，犹未决了，乞和尚开示！』

师曰：『彼师所说，犹存见知，故令汝未了。吾今示汝一偈：

不见一法存无见，大似浮云遮日面；
不知一法守空知，还如太虚生闪电。
此之知见瞥然兴，错认何曾解方便？
汝当一念自知非，自己灵光常显现。』

国学十三经

卷八

坛经·机缘品第七

四三〇

常闻偈已，心意豁然，乃述偈曰：

无端起知见，著相求菩提，情存一念悟，宁越昔时迷。

自性觉源体，随照枉迁流，不入祖师室，茫然趣两头。

智常一日问师曰：「佛说三乘法，又言最上乘，弟子未解，愿为教授。」

师曰：「汝观自本心，莫著外法相。法无四乘，人心自有等差。见闻转诵是小乘，悟法解义是中乘，依法修行是大乘。万法尽通，万法俱备，一切不染，离诸法相，一无所得，名最上乘。乘是行义，不在口争，汝须自修，莫问吾也。一切时中，自性自如。」

常礼谢，执侍，终师之世。

僧志道，广州南海人也，请益曰：「学人自出家，览《涅槃经》十载有余，未明大意，愿和尚垂诲！」师曰：「汝何处未明？」曰：「『诸行无常，是生灭法。生灭灭已，寂灭为乐。』于此疑惑。」师曰：「汝作么生疑？」曰：「一切众生皆有二身，谓色身、法身也。色身无常，有生有灭；法身有常，无知无觉。经云生灭灭已，寂灭为乐者，不审何身寂灭？何身受乐？

若色身者，色身灭时，四大分散，全然是苦，苦不可言乐；若法身寂灭，即同草木瓦石，谁当受乐？又法性是生灭之体，五蕴是生灭之用，一体五用，生灭是常。生则从体起用，灭则摄用归体。若听更生，则永归寂灭，同于无情之物。如是，则一切诸法被涅槃之所禁伏，尚不得生，何乐之有？」

师曰：「汝是释子，何习外道断常邪见而议最上乘法？据汝所说，即色身外别有法身，离生灭求于寂灭。又推涅槃常乐，言有身受用，斯乃执吝生死，耽著世乐。汝今当知，佛为一切迷人认五蕴和合为自体相，分别一切法为外尘相。好生恶死，念念迁流，不知梦幻虚假，枉受轮回，以常乐涅槃翻为苦相，终日驰求。佛悯此故，乃示涅槃真乐，刹那无有生相，刹那无有灭相，更无生灭可灭，是则寂灭现前。当现前时，亦无现前之量，乃谓常乐。此乐无有受者，亦无不受者，岂有一体五用之名？何况更言涅槃禁伏诸法，令永不生？斯乃谤佛毁法。听吾偈曰：

无上大涅槃，圆明常寂照，凡愚谓之死，外道执为断。

诸求二乘人，目以为无作，尽属情所计，六十二见本。
妄立虚假名，何为真实义？唯有过量人，通达无取舍。
以知五蕴法，及以蕴中我，外现众色像，一一音声相。
平等如梦幻，不起凡圣见，不作涅槃解，二边三际断。
常应诸根用，而不起用想；分别一切法，不起分别想。
劫火烧海底，风鼓山相击，真常寂灭乐，涅槃相如是。
吾今强言说，令汝舍邪见，汝勿随言解，许汝知少分。』

志道闻偈大悟，踊跃，作礼而退。

行思禅师，生吉州安城刘氏，闻曹溪法席盛化，径来参礼，遂问曰：『当何所务即不落阶级？』师曰：『汝曾作甚么来？』曰：『圣谛亦不为。』师曰：『落何阶级？』曰：『圣谛尚不为，何阶级之有？』师深器之，令思首众。

一日，师谓曰：『汝当分化一方，无令断绝。』思既得法，遂回吉州青原山，弘法绍化。谥弘济禅师。

怀让禅师，金州杜氏子也，初谒嵩山安国师，安发之曹溪参叩。让至，礼拜。师曰：『甚处来？』曰：『嵩山。』师曰：『甚么物？恁么来？』曰：『说似一物即不中。』师曰：『还可修证否？』曰：『修证即不无，污染即不得。』师曰：『只此不污染，诸佛之所护念。汝既如是，吾亦如是。西天般若多罗忏，汝足下出一马驹，踏杀天下人。应在汝心，不须速说。』让豁然契会，遂执侍左右一十五载，日臻玄奥。后往南岳，大阐禅宗，敕谥大慧禅师。

永嘉玄觉禅师，温州戴氏子，少习经论，精天台止观法门，因看《维摩经》，发明心地。偶师弟子玄策相访，与其剧谈，出言暗合诸祖。策云：『仁者得法师谁？』曰：『我听方等经论，各有师承，后于《维摩经》悟佛心宗，未有证明者。』策云：『威音王已前即得，威音王已后无师自悟，尽是天然外道。』曰：『愿仁者为我证据。』策云：『我言轻，曹溪有六祖大师，四方云集，并是受法者。若去，则与偕行。』

觉遂同策来参，绕师三匝，振锡而立。师曰：『夫沙门者，具三千威

仪、八万细行。大德自何方而来，生大我慢？」觉曰：「生死事大，无常迅

速。」师曰：「何不体取无生，了无速乎？」曰：「体即无生，了本无速。」

师曰：「如是！如是！」玄觉方具威仪礼拜，须臾告辞，师曰：「返太速

乎？」曰：「本自非动，岂有速耶？」师曰：「谁知非动？」曰：「仁者自

生分别。」师曰：「汝甚得无生之意。」曰：「无生岂有意耶？」师曰：

「无意谁当分别？」曰：「分别亦非意。」曰：「善哉！少留一宿。」时

谓一宿觉，后著《证道歌》，盛行于世。谥曰无相大师。时称为真觉焉。

禅者智隍，初参五祖，自谓已得正受，庵居长坐，积二十年。师弟子玄

策，游方至河朔，闻隍之名，造庵问云：「汝在此作甚么？」隍曰：「入

定」。策云：「汝云入定，为有心入耶？无心入耶？若无心入者，一切无

情草木瓦石应合得定；若有心入者，一切有情含识之流亦应得定。」隍

曰：「我正入定时，不见有有无之心。」策云：「不见有有无之心，即是常

定，何有出入？若有出入，即非大定。」隍无对，良久，问曰：「师嗣谁

耶？」策曰：「我师曹溪六祖。」隍云：「六祖以何为禅定？」策云：「我

国学十三经

卷八

坛经·机缘品第七

四三二

师所说，妙湛圆寂，体用如如。五阴本空，六尘非有，不出不入，不定不乱。

禅性无住，离住禅寂；禅性无生，离生禅想。心如虚空，亦无虚空之量。」

隍闻是说，径来谒师。师问云：「仁者何来？」隍具述前缘。师云：

「诚如所言。汝但心如虚空，不著空见，应用无碍，动静无心，凡圣情忘，能

所俱泯，性相如如，无不定时也。」隍于是大悟，二十年所得心，都无影响。

其夜，河北士庶闻空中有声云：「隍禅师今日得道！」隍后礼辞，复归河

北，开化四众。

一僧问师云：「黄梅意旨，什么人得？」师云：「会佛法人得。」僧

云：「和尚还得否？」师云：「我不会佛法。」

师一日欲濯所授之衣而无美泉，因至寺后五里许，见山林郁茂，瑞气盘

旋。师振锡卓地，泉应手而出，积以为池。乃跪膝浣衣石上。忽有一僧来

礼拜，云：「方辩是西蜀人。昨于南天竺国见达摩大师，嘱方辩速往唐土。

吾传大迦叶正法眼藏及僧伽梨，见传六代于韶州曹溪，汝去瞻礼。方辩远

来，愿见我师传来衣钵。」师乃出示，次问：「上人攻何事业？」曰：「善

塑。』师正色曰：『汝试塑看。』辩罔措。过数日，塑就真相，可高七寸，曲尽其妙。师笑曰：『汝只解塑性，不解佛性。』师舒手摩方辩顶，曰：『永为人天福田！』师仍以衣酬之。辩取衣分为三：一披塑像，一自留，一用棕裹瘗地中。誓曰：『后得此衣，乃吾出世，住持于此，重建殿宇。』

有僧举卧轮禅师偈云：

卧轮有伎俩，能断百思想，
对境心不起，菩提日日长。

师闻之，曰：『此偈未明心地，若依而行之，是加系缚。』因示一偈曰：

惠能没伎俩，不断百思想，
对境心数起，菩提作么长？

顿渐品第八

时，祖师居曹溪宝林，神秀大师在荆南玉泉寺。于时两宗盛化，人皆称南能北秀，故有南北二宗顿渐之分，而学者莫知宗趣。师谓众曰：『法本一宗，人有南北；法即一种，见有迟疾。何名顿渐？法无顿渐，人有利钝，故名顿渐。』

然秀之徒众，往往讥南宗祖师：『不识一字，有何所长？』秀曰：『他得无师之智，深悟上乘，吾不如也。且吾师五祖亲传衣法，岂徒然哉？吾恨不能远去亲近，虚受国恩。汝等诸人，毋滞于此，可往曹溪参决。』

一日，命门人志诚曰：『汝聪明多智，可为吾到曹溪听法，若有所闻，尽心记取，还为吾说。』

志诚禀命至曹溪，随众参请，不言来处。时祖师告众曰：『今有盗法之人潜在此会。』志诚即出礼拜，具陈其事。师曰：『汝从玉泉来，应是细作。』对曰：『不是。』师曰：『何得不是？』对曰：『未说即是，说了不是。』师曰：『汝师若为示众？』对曰：『常指诲大众，住心观静，常坐不卧。』师曰：『住心观静，是病非禅。常坐拘身，于理何益？听吾偈曰：

生来坐不卧，死去卧不坐。
一具臭骨头，何为立功课？』

志诚再拜，曰：『弟子在秀大师处学道九年，不得契悟，今闻和尚一

说，便契本心。弟子生死事大，和尚大慈，更为教示。』师曰：『吾闻汝师教示学人戒定慧法，未审汝师说戒定慧行相如何？与吾说看。』诚曰：『秀大师说，诸恶莫作名为戒，诸善奉行名为慧，自净其意名为定。彼说如此，未审和尚以何法诲人？』师曰：『吾若言有法与人，即为诳汝，但随方解缚，假名三昧。如汝师所说戒定慧，实不可思议。吾所见戒定慧又别。』志诚曰：『戒定慧只合一种，如何更别？』师曰：『汝师戒定慧接大乘人，吾戒定慧接最上乘人。悟解不同，见有迟疾。汝听吾说，与彼同否？吾所说法，不离自性，离体说法，名为相说，自性常迷。须知一切万法皆从自性起用，是真戒定慧法，听吾偈曰：

心地无非自性戒，心地无痴自性慧，心地无乱自性定，

不增不减自金刚，身去身来本三昧。』

诚闻偈悔谢，乃呈一偈曰：

五蕴幻身，幻何究竟？

回趣真如，法还不净。

师然之。复语诚曰：『汝师戒定慧，劝小根智人；吾戒定慧，劝大根智人。若悟自性，亦不立菩提涅槃，亦不立解脱知见，无一法可得，方能建立万法。若解此意，亦名佛身，亦名菩提涅槃，亦名解脱知见。见性之人，立亦得，不立亦得，去来自由，无滞无碍，应用随作，应语随答，普见化身，不离自性，即得自在神通，游戏三昧，是名见性。』

志诚再启师曰：『如何是不立义？』师曰：『自性无非、无痴、无乱，念念般若观照，常离法相，自由自在，纵横尽得，有何可立？自性自悟，顿悟顿修，亦无渐次，所以不立一切法。诸法寂灭，有何次第？』

志诚礼拜，愿为执侍，朝夕不懈。

僧志彻，江西人，本姓张，名行昌，少任侠，自南北分化，二宗主虽亡彼我，而徒侣竞起爱憎。时北宗门人自立秀师为第六祖，而忌祖师传衣为天下闻，乃嘱行昌来刺师。师心通，预知其事，即置金十两于座间。时夜暮，行昌入祖室，将欲加害，师舒颈就之，行昌挥刃者三，悉无所损。师曰：『正剑不邪，邪剑不正。只负汝金，不负汝命。』行昌惊仆，久而方苏，求哀悔

神会礼拜悔谢。

师又曰：『汝若心迷不见，问善知识觅路；汝若心悟，即自见性，依法修行。汝自迷不见自心，却来问吾见与不见。吾见自知，岂代汝迷？汝若自见，亦不代吾迷。何不自知自见，乃问吾见与不见？』

神会再礼百余拜，求谢过愆，服勤给侍，不离左右。

一日，师告众曰：『吾有一物，无头无尾，无名无字，无背无面，诸人还识否？』神会出曰：『是诸佛之本源，神会之佛性。』师曰：『向汝道无名无字，汝便唤作本源佛性。汝向去有把茆盖头，也只成个知解宗徒。』祖师灭后，会入京洛，大弘曹溪顿教，著《显宗记》，盛行于世。是为荷泽禅师。

师见诸宗难问，咸起恶心，多集座下，悯而谓曰：『学道之人，一切善念恶念应当尽除。无名可名，名于自性，无二之性，是名实性。于实性上建立一切教门，言下便须自见。』

诸人闻说，总皆作礼，请事为师。

宣诏品第九

神龙元年上元日，则天、中宗诏云：『朕请安、秀二师，宫中供养。万机之暇，每究一乘。二师推让云：「南方有能禅师，密授忍大师衣法，传佛心印，可请彼问。」今遣内侍薛简，驰诏请迎。愿师慈念，速赴上京！』师上表辞疾，愿终林麓。薛简曰：『京城禅德皆云：「欲得会道，必须坐禅习定；若不因禅定而得解脱者，未之有也。」未审师所说法如何？』师曰：『道由心悟，岂在坐也？经云：「若言如来若坐若卧，是行邪道。」何故？无所从来，亦无所去，无生无灭，是如来清净禅；诸法空寂，是如来清净坐。究竟无证，岂况坐耶？』简曰：『弟子回京，主上必问，愿师慈悲，指示心要，传奏两宫及京城学道者。譬如一灯燃百千灯，冥者皆明，明明无尽。』师云：『道无明暗，明暗是代谢之义。明明无尽，亦是有尽，相待立名，故《净名经》云：「法无有比，无相待故。」』简曰：『明喻智慧，暗喻烦恼。修道之人倘不以智慧照破烦恼，无始生死，凭何出离？』师曰：『烦恼即是菩提，无二无别。若以智慧破烦恼者，此是二乘见解，羊鹿等机。上智大根

悉不如是。』简曰：『如何是大乘见解？』师曰：『明与无明，凡夫见二，智者了达其性无二，无二之性，即是实性。实性者，处凡愚而不减，在贤圣而不增，住烦恼而不乱，居禅定而不寂，不断不常，不去不来，不在中间，及其内外，不生不灭，性相如如，常住不迁，名之曰道。』简曰：『师说不生不灭，何异外道？』师曰：『外道所说不生不灭者，将灭止生，以生显灭，灭犹不灭，生说不生；我说不生不灭者，本自无生，今亦不灭，所以不同外道。汝若欲知心要，但一切善恶都莫思量，自然得入清净心体，湛然常寂，妙用恒沙。』

简蒙指教，豁然大悟，礼辞归阙，表奏师语。其年九月三日，有诏奖谕师曰：『师辞老疾，为朕修道，国之福田。师若净名，托疾毗耶，阐扬大乘，传诸佛心，谈不二法。薛简传师指授如来知见，朕积善余庆，宿种善根，值师出世，顿悟上乘，感荷师恩，顶戴无已！』并奉磨衲袈裟及水晶钵，敕韶州刺史修饰寺宇，赐师旧居为国恩寺焉。

付嘱品第十

师一日唤门人法海、志诚、法达、神会、智常、智通、志彻、志道、法珍、法如等，曰：『汝等不同余人，吾灭度后，各为一方师。吾今教汝说法，不失本宗。先须举三科法门，动用三十六对，出没即离两边，说一切法莫离自性。忽有人问汝法，出语尽双，皆取对法，来去相因，究竟二法尽除，更无去处。三科法门者，阴、界、入也。阴是五阴，色、受、想、行、识是也。入是十二入，外六尘：色、声、香、味、触、法；内六门：眼、耳、鼻、舌、身、意是也。界是十八界，六尘、六门、六识是也。自性能含万法，名含藏识。若起思量，即是转识。生六识，出六门，见六尘，如是一十八界，皆从自性起用。自性若邪，起十八邪；自性若正，起十八正。若恶用即众生用，善用即佛用。用由何等？由自性有。对法，外境无情五对：天与地对，日与月对，明与暗对，阴与阳对，水与火对。此是五对也。法相语言十二对：语与法对，有与无对，有色与无色对，有相与无相对，有漏与无漏对，色与空对，动与静对，清与浊对，凡与圣对，僧与俗对，老与少对，大与小对。此是十二对

也。自性起用十九对：长与短对，邪与正对，痴与慧对，愚与智对，乱与定对，慈与毒对，戒与非对，直与曲对，实与虚对，险与平对，烦恼与菩提对，常与无常对，悲与害对，喜与嗔对，舍与悭对，进与退对，生与灭对，法身与色身对，化身与报身对。此是十九对也。』

师言：『此三十六对法，若解用，即道贯一切经法，出入即离两边。自性动用，共人言语，外于相离相，内于空离空。若全著相，即长邪见；若全执空，即长无明。执空之人有谤经，直言不用文字。既云不用文字，人亦不合语言，只此「语言」便是文字之相。又云直道不立文字，即此「不立」两字亦是文字。见人所说，便即谤他言著文字。汝等须知，自迷犹可，又谤佛经。不要谤经，罪障无数！若著相于外，而作法求真，或广立道场，说有无之过患，如是之人，累劫不得见性。但听依法修行，又莫百物不思，而于道性窒碍。若听说不修，令人反生邪念。但依法修行，无住相法施。汝等若悟，依此说，依此用，依此行，依此作，即不失本宗。若有人问汝义，问有将无对，问无将有对，问凡以圣对，问圣以凡对。二道相因，生中道义。如一问一对，余问一依此作，即不失理也。设有人问：「何名为暗？」答云：「明是因，暗是缘，明没则暗，以明显暗，以暗显明，来去相因，成中道义。」余问悉皆如此。汝等于后传法，依此转相教授，勿失宗旨！』

师于太极元年壬子延和七月，命门人往新州国恩寺建塔，仍令促工。次年夏末落成。七月一日，集徒众曰：『吾至八月，欲离世间，汝等有疑，早须相问，为汝破疑，令汝迷尽。吾若去后，无人教汝。』法海等闻，悉皆涕泣，唯有神会，神情不动，亦无涕泣。师云：『神会小师，却得善不善等，毁誉不动，哀乐不生，余者不得。数年山中，竟修何道？汝今悲泣，为忧阿谁？若忧吾不知去处，吾自知去处。吾若不知去处，终不预报于汝。汝等悲泣，盖为不知吾去处。若知吾去处，即不合悲泣。法性本无生灭去来，汝等尽坐，吾与汝说一偈，名曰真假动静偈。汝等诵取此偈，与吾意同，依此修行，不失宗旨。』众僧作礼，请师说偈。偈曰：

一切无有真，不以见于真；若见于真者，是见尽非真。

若能自有真，离假即心真；自心不离假，无真何处真？

国学十三经

卷八

坛经·付嘱品第十

四三九

有情即解动，无情即不动；若修不动行，同无情不动。

若觅真不动，动上有不动；不动是不动，无情无佛种。

能善分别相，第一义不动；但作如此见，即是真如用。

报诸学道人，努力须用意；莫于大乘门，却执生死智。

若言下相应，即共论佛义；若实不相应，合掌令欢喜。

此宗本无诤，诤即失道意；执逆诤法门，自性入生死。

时徒众闻说偈已，普皆作礼，并体师意，各各摄心，依法修行，更不敢诤。乃知大师不久住世。法海上座再拜，问曰：『和尚入灭之后，衣法当付何人？』师曰：『吾于大梵寺说法，以至于今，抄录流行，目曰《法宝坛经》。汝等守护，递相传授，度诸群生，但依此说，是名正法。今为汝等说法，不付其衣。盖为汝等信根淳熟，决定无疑，堪任大事。然据先祖达摩大师付授偈意，衣不合传。偈曰：

吾本来兹土，传法救迷情。

一花开五叶，结果自然成。』

师复曰：『诸善知识！汝等各各净心，听吾说法。若欲成就种智，须达一相三昧、一行三昧。若于一切处而不住相，于彼相中不生憎爱，亦无取舍，不念利益成坏等事，安闲恬静，虚融澹泊，此名一相三昧。若于一切处，行住坐卧，纯一直心，不动道场，真成净土，此名一行三昧。若人具二三昧，如地有种，含藏长养，成熟其实。一相、一行亦复如是。我今说法，犹如时雨，普润大地。汝等佛性，譬诸种子，遇兹沾洽，悉皆发生。承吾旨者，决获菩提；依吾行者，定证妙果。听吾偈曰：

心地含诸种，普雨悉皆萌。

顿悟花情已，菩提果自成。』

师说偈已，曰：『其法无二，其心亦然。其道清净，亦无诸相。汝等慎勿观静及空其心，此心本净，无可取舍，各自努力，随缘好去！』尔时，徒众作礼而退。

大师七月八日忽谓门人曰：『吾欲归新州，汝等速理舟楫！』大众哀留甚坚，师曰：『诸佛出现，犹示涅槃，有来必去，理亦常然。吾此形骸，归

必有所。』众曰：『师从此去，早晚可回？』师曰：『叶落归根，来时无口。』又问曰：『正法眼藏，传付何人？』师曰：『有道者得，无心者通。』又问：『后莫有难否？』师曰：『吾灭后五六年，当有一人来取吾首。听吾记曰：「头上养亲，口里须餐。遇满之难，杨柳为官。」』又云：『吾去七十年，有二菩萨从东方来，一出家，一在家，同时兴化，建立吾宗，缔缉伽蓝，昌隆法嗣。』众复作礼，问曰：『未知从上佛祖应现已来，传授几代？愿垂开示！』师云：『古佛应世，已无数量，不可计也。今以七佛为始，过去庄严劫，毗婆尸佛、尸弃佛、毗舍浮佛；今贤劫，拘留孙佛、拘那含牟尼佛、迦叶佛、释迦文佛。是为七佛。

『释迦文佛首传摩诃迦叶尊者，第二阿难尊者，第三商那和修尊者，第四优波毱多尊者，第五提多迦尊者，第六弥遮迦尊者，第七婆须蜜多尊者，第八佛驮难提尊者，第九伏驮蜜多尊者，第十胁尊者，十一富那夜奢尊者，十二马鸣大士，十三迦毗摩罗尊者，十四龙树大士，十五迦那提婆尊者，十六罗睺罗多尊者，十七僧伽难提尊者，十八伽耶舍多尊者，十九鸠摩罗多尊者，二十阇耶多尊者，二十一婆修盘头尊者，二十二摩拏罗尊者，二十三鹤勒那尊者，二十四师子尊者，二十五婆舍斯多尊者，二十六不如蜜多尊者，二十七般若多罗尊者，二十八菩提达摩尊者，二十九慧可大师，三十僧璨大师，三十一道信大师，三十二弘忍大师，惠能是为三十三祖。从上诸祖，各有禀承。汝等向后递代流传，毋令乖误。』

大师先天二年癸丑岁八月初三日，于国恩寺斋罢，谓诸徒众曰：『汝等各依位坐，吾与汝别。』法海白言：『和尚留何教法，令后代迷人得见佛性？』师言：『汝等谛听！后代迷人若识众生，即是佛性；若不识众生，万劫觅佛难逢。吾今教汝识自心众生，见自心佛性。欲求见佛，但识众生。只为众生迷佛，非是佛迷众生。自性若悟，众生是佛；自性若迷，佛是众生。自性平等，众生是佛；自性邪险，佛是众生。汝等心若险曲，即佛在众生中。一念平直，即是众生成佛。我心自有佛，自佛是真佛；自若无佛心，何处求真佛？汝等自心是佛，更莫狐疑！外无一物而能建立，皆是本心生万种法。故经云：「心生种种法生，心灭种种法灭。」吾今留一偈，与

国学十三经

卷 八
坛经·付嘱品第十

四四一

汝等别，名自性真佛偈。后代之人识此偈意，自见本心，自成佛道。偈曰：

真如自性是真佛，邪见三毒是魔王。

邪迷之时魔在舍，正见之时佛在堂。

性中邪见三毒生，即是魔王来住舍。

正见自除三毒心，魔变成佛真无假。

法身报身及化身，三身本来是一身。

若向性中能自见，即是成佛菩提因。

本从化身生净性，净性常在化身中。

性使化身行正道，当来圆满真无穷。

淫性本是净性因，除淫即是净性身。

性中各自离五欲，见性刹那即是真。

今生若遇顿教门，忽悟自性见世尊。

若欲修行觅作佛，不知何处拟求真。

若能心中自见真，有真即是成佛因。

不见自性外觅佛，起心总是大痴人。

顿教法门今已留，救度世人须自修。

报汝当来学道者，不作此见大悠悠。』

师说偈已，告曰：『汝等好住，吾灭度后，莫作世情悲泣雨泪，受人吊问，身着孝服，非吾弟子，亦非正法。但识自本心，见自本性，无动无静，无生无灭，无去无来，无是无非，无住无往。恐汝等心迷，不会吾意，今再嘱汝，令汝见性。吾灭度后，依此修行，如吾在日。若违吾教，纵吾在世，亦无有益。』复说偈曰：

兀兀不修善，腾腾不造恶。

寂寂断见闻，荡荡心无着。

师说偈已，端坐至三更，忽谓门人曰：『吾行矣。』奄然迁化。于时异香满室，白虹属地，林木变白，禽兽哀鸣。

十一月，广、韶、新三郡官僚，洎门人僧俗，争迎真身，莫决所之，乃焚香祷曰：『香烟指处，师所归焉。』时香烟直贯曹溪。十一月十三日，迁神龛并

所传衣钵而回。次年七月二十五日出龛，弟子方辩以香泥上之。门人忆念取首之记，遂先以铁叶漆布固护师颈入塔。忽于塔内白光出现，直上冲天，三日始散。

韶州奏闻，奉敕立碑，纪师道行。

师春秋七十有六，年二十四传衣。三十九祝发，说法利生三十七载，嗣法四十三人，悟道超凡者莫知其数。达摩所传信衣、中宗赐磨衲宝钵及方辩塑师真相，并道具等，主塔侍者尸之，永镇宝林道场。流传《坛经》，以显宗旨。兴隆三宝，普利群生者。

（易行　校订）